AF509332

CATALOGUE

DE

TABLEAUX

ANCIENS & MODERNES

PAR

Honoré, Alexandre et Théophile FRAGONARD

FORMANT LA COLLECTION DE

M. HUOT-FRAGONARD

BEAUX PORTRAITS

De madame la comtesse de Flesselle par NATTIER

Et de BARRÈRE DE VIEUSAC par Louis DAVID

ŒUVRES REMARQUABLES DE:

Van Goyen, Georges Michel, Ph. Wouwerman, etc.

DANS L'ÉCOLE MODERNE

Baron, Xavier de Cock, Diaz, Saintine, etc.

Provenant de la COLLECTION de M. X.

ET DONT LA VENTE AURA LIEU

HOTEL DROUOT, SALLE N° 1

Les Vendredi 19 et Samedi 20 Mai 1876,

A DEUX HEURES.

Par le ministère de Mᵉ **CHARLES PILLET**, Commissaire-Priseur,
10, rue de la Grange-Batelière ;

Assisté de **M. FÉRAL**, Peintre-Expert, 54, rue du Faubourg-Montmartre.

Chez lesquels se trouve le présent Catalogue.

EXPOSITION PUBLIQUE : Le Jeudi 18 Mai 1876,

De une heure à cinq heures.

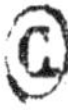

CONDITIONS DE LA VENTE

———

Elle sera faite au comptant.

Les acquéreurs paieront en sus des adjudications *cinq pour cent* applicables aux frais.

Paris. — Impr. PILLET fils aîné, rue des Grands-Augustins, 5.

Collection de M. HUOT FRAGONARD

TABLEAUX

ANCIENS & MODERNES

DÉSIGNATION

FRAGONARD (HONORÉ)

1 — Portrait de l'artiste.

Il est assis dans un intérieur, le bras droit appuyé sur une table, il tient à la main gauche une lettre dépliée qu'il vient de lire ; près de lui est un portefeuille de dessins.

Fin et harmonieux portrait du maître, d'un ton doré et vaporeux.

Toile. Haut., 57 cent.; larg., 45 cent.

FRAGONARD (HONORÉ)

2 — Portrait de mademoiselle Marguerite Gérard, belle sœur et élève du maître.

En buste, de grandeur naturelle, la tête de trois quarts tournée un peu vers la gauche, les cheveux bruns frisés, elle porte un corsage en velours noir doublé de fourrure et croisé sur la poitrine.

Beau et intéressant portrait.

Toile ovale. Haut., 65 cent.; larg., 45 cent.

FRAGONARD (HONORÉ)

3 — La Surprise.

Trois jeunes gens dans un intérieur jouent avec
une jeune fille.

Toile. Haut., 25 cent.; larg, 34 cent.

(PENDANT DU PRÉCÉDENT)

4 — La Correction.

Un jeune homme aux pieds d'une jeune fille est
surpris par la mère qui le frappe avec un bâton.

Toile. Haut., 25 cent.; larg., 34 cent.

Ces deux tableaux qui étaient abîmés ont été
restaurés par Théophile Fragonard.

FRAGONARD (HONORÉ)

5 — Le Torrent.

Il coule entre des rochers, un berger est étendu
sur le bord ; au second plan, une paysanne montée
sur un cheval blanc.

Toile. Haut., 30 cent.; larg., 38 cent.

FRAGONARD (HONORÉ)

6 — Le Moulin.

Il est auprès de deux chaumières construites au bord d'une rivière ; ciel nuageux.

Paysage inspiré des œuvres de J. Ruysdaël.

Toile. Haut., 30 cent.; larg., 38 cent

FRAGONARD (ALEXANDRE)

7 — La Mère et les deux jumeaux.

Toile. Haut., 45 cent.; larg., 54 cent.

FRAGONARD (ALEXANDRE)

8 — La Dîme.

Toile. Haut., 58 cent.; larg., 72 cent.

FRAGONARD (ALEXANDRE)

9 — La Sortie du bain.

Toile. Haut., 58 cent.; larg., 72 cent.

FRAGONARD (THÉOPHILE)

10 — Le Rêve d'une jeune paysanne.

Endormie auprès de son rouet que les amours font tourner pendant que d'autres lui montrent un garde française ; d'autres amours font de la musique.

Toile. Haut., 1 m. 30 cent.; larg., 95 cent.

FRAGONARD (THÉOPHILE)

11 — Le Rideau.

Tableau gravé sous ce titre.

Toile. Haut., 35 cent.; larg., 27 cent.

(PENDANT DU PRÉCÉDENT)

12 — La Glace.

Toile. Haut., 35 cent.; larg., 27 cent.

FRAGONARD (THÉOPHILE)

13 — Les personnages de la Comédie italienne.

Toile. Haut., 15 cent.; larg., 79 cent.

FRAGONARD (THÉOPHILE)

14 — La Partie perdue.

Tiré du *Joueur*, comédie de Regnard.

Toile. Haut., 18 cent.; larg., 36 cent.

(PENDANT DU PRÉCÉDENT)

15 — La Partie gagnée.

Tiré de la même comédie.

Toile. Haut., 18 cent.; larg., 36 cent.

FRAGONARD (THÉOPHILE)

16 — Le Repas interrompu.

Tiré du *Bourgeois gentilhomme*.

Toile. Haut., 21 cent.; larg., 26 cent.

(PENDANT DU PRÉCÉDENT)

17 — Le Divertissement.

Tiré de la même comédie.

Toile. Haut., 21 cent.; larg., 26 cent.

FRAGONARD (THÉOPHILE

(DEUX PENDANTS)

18 — La Fontaine des Amours.

19 — La Déclaration mal reçue.

Toiles ovales. Haut., 30 cent.; larg., 24 cent.

20 — Le Vin nouveau.

Toile. Haut., 18 cent ; larg., 24 cent.

21 — La Vierge et l'Enfant Jésus entourés d'anges.

Toile. Haut., 40 cent.; larg., 32 cent.

FRAGONARD (THÉOPHILE)

22 — Le Mariage bizantin.

Tableau peint à la cire.

Toile. Haut., 80 cent.; larg., 64 cent.

DESSINS

FRAGONARD (HONORÉ)

23 — Intérieur d'une cuisine à San Remo, près de Gênes.

Beau dessin à la sépia.

Haut., 29 cent.; larg., 37 cent.

24 — Villa italienne.

Sanguine.

Haut., 24 cent.; larg., 37 cent.

25 — Tête d'homme portant une cuirasse.

Dessin au crayon noir rehaussé de blanc.

Ovale, Haut. 26 cent.; larg., 20 cent.

FRAGONARD (HONORÉ)

26 — Sous ce numéro qui sera divisé, seront vendus les sept dessins suivants :

Trois portraits de l'artiste;
Portrait d'Alexandre Fragonard enfant;
Portrait de Madame Fragonard;
Portrait de Mademoiselle Fragonard;
Portrait de Mademoiselle Gérard.

Dessins de formes rondes, à la pierre noire.

Diam., 13 cent.

FRAGONARD (ALEXANDRE)

27 — Psyché montrant à ses sœurs les présents de l'Amour.

Sépia.

Beau dessin lithographié par l'artiste.

Haut., 31 cent.; larg., 44 cent.

TABLEAUX & DESSINS

PAR DIFFÉRENTS ARTISTES

CHAMPAIGNE (PHILIPPE DE)

28 — Portrait de femme.

> Belle peinture du maître, de la plus remarquable finesse.
>
> Bois. Haut., 40 cent.; larg., 32 cent.

LAFOSSE (CHARLES DE)

29 — Les Litanies de la Vierge.

> Belle peinture de l'artiste, modèle pour plafond.
>
> Toile de forme ronde. Diam., 1 mètre.

RAOUX

30 — Les Vestales.

> Toile. Haut., 66 cent.; larg., 80 cent.

ECOLE HOLLANDAISE.

31 — Un Fumeur.

Toile. Haut., 39 cent.; larg., 29 cent.

ÉCOLE HOLLANDAISE

32 — Vue de Hollande.

Bois. Haut., 22 cent.; larg., 32 cent.

WATTEAU

33 — Trois personnages.

Croquis à la sanguine.

Haut., 14 cent.; larg., 22 cent.

Collection de M. X.

TABLEAUX ANCIENS

ANTONISSEN (H. J.)

(DEUX PENDANTS)

34 — Paysages.

Au premier plan, des animaux au repos, sous la garde de deux bergers.

Beaux tableaux de l'artiste, signés en toutes lettres et datés 1785.

Bois. Haut., 65 cent.; larg., 83 cent.

AUBRY

35 — L'Aumône.

Une jeune mère, dans son intérieur, regarde avec suprise sa petite fille remettre à un mendiant le potage préparé pour son déjeuner.

Toile haut., 55 cent.; larg., 45 cent.

BACHELIER (JEAN-JACQUES)

(DEUX PENDANTS)

36 — Chasse au lion et chasse au sanglier.

Esquisses.

Toile. Haut., 44 cent.; larg., 53 cent.

BASSAN (JACQUES)

37 — L'Adoration des bergers.

La Vierge, agenouillée, montre aux bergers l'Enfant Jésus ; les uns se prosternent, d'autres lui apportent des présents.

Bon tableau de l'artiste.

Toile. Haut., 1 m. 04 cent.; larg., 1 m. 63 cent.

BAUDOUIN (d'après)

38 — La Surprise dans le parc.

Effet de clair de lune.

Toile. Haut., 45 cent.; larg., 36 cent.

BERTIN (VICTOR)

(DEUX PENDANTS)

39 — Paysages avec figures.

Fixés de forme ronde.

Diam., 10 cent.

BOILLY (LOUIS)

40 — L'Amour électrique.

Dans l'intérieur d'un laboratoire, deux amants
s'approchent avec crainte d'une petite statue de
l'Amour, l'arc tendu et se disposant à décocher
une flèche ; la jeune fille, poussée par son amant,
avance son doigt, pendant qu'un vieillard, sur la
gauche, tourne la roue qui doit faire partir l'étin-
celle ; près d'eux est un chien effrayé ; dans le
fond, un jeune garçon assis devant un feu sur
lequel est une cornue ; à droite, différents ustensiles.

Charmant tableau de l'artiste.

Toile. Haut., 45 cent.; larg., 55 cent.

BOILLY (LOUIS)

41 — Scène d'intérieur.

Une jeune mère, assise dans un fauteuil, tient sur
ses genoux son jeune enfant qui joue avec un chien

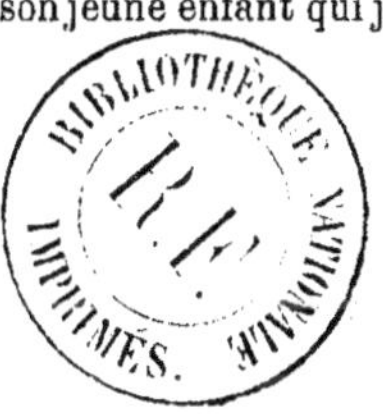

de chasse ; à sa gauche est une table, où se trouvent posés une carafe, une gibecière et des ustensiles de chasse.

Toile. Haut., 80 cent.; larg., 64 cent.

BOUT et BOUDEWYNS

(DEUX PENDANTS)

42 — Paysages avec rivières, constructions et
nombreux personnages.

Toile. Haut., 40 cent.; larg., 35 cent.

BREUGHEL (PIERRE)

43 — L'Hiver.

Au centre, un pont de bois traverse une rivière
glacée avec patineurs; sur les bords, des hommes
coupent du bois et des femmes portent des fagots;
à gauche, des maisons; sur le quai, des hommes
conduisent un troupeau de porcs.

Bois. Haut., 48 cent.; larg., 70 cent.

BRIL (PAUL) ET BALEN (VAN)

44 — Paysage.

Au centre, deux satyres surprenant Diane et deux nymphes endormies au pied d'un arbre; à gauche, un amour tenant deux chiens en laisse.

Bois. Haut., 56 cent., larg., 83 cent.

CALAIS

45 — Portrait de jeune femme.

Vue jusqu'à la ceinture, les cheveux blonds serrés par un ruban violet, robe décolletée.

Toile. Haut., 31 cent.; larg., 26 cent.

CLOUET dit JEHANNET (genre de)

46 — Portrait de femme.

Vue à mi-corps, elle porte une robe noire décolletée avec broderie d'or et de perles; collerette et manches tuyautées ; les mains réunies à la ceinture.

Bois. Haut., 38 cent.; larg., 30 cent.

DAVID (LOUIS)

47 — Portrait de Barrère de Vieuzac.

Il est représenté debout à la tribune de la Convention nationale, vu jusqu'aux genoux, la main droite sur la hanche, la main gauche appuyée sur l'accoudoir de la tribune où il a posé le discours manuscrit qu'il va prononcer. La tête de trois quarts tournée un peu vers la droite, les cheveux châtains légèrement bouclés, une cravate à carreau nouée autour du cou, il porte un habit bleuâtre et un gilet en drap rouge.

Ce portrait est un des plus remarquables de l'artiste. David était l'ami et l'admirateur du talent oratoire de Barrère, comme ce dernier était l'admirateur du grand peintre. La lettre que nous possédons de Barrère, par laquelle il fait don de son portrait à un avocat de sa ville natale qui avait plaidé et gagné un procès important pour lui, prouve le cas qu'il faisait de son talent. Ce fut, du reste, sur sa proposition que l'Assemblée nationale décréta que le *Serment du jeu de paume*, que David avait commencé, serait terminé aux frais de la nation.

Barrère fut élu président de la Convention, il dirigea les premiers débats du procès de Louis XVI, et c'est à ce moment, à la tribune, que l'artiste l'a représenté.

Toile. Haut. 1 m. 28 cent.; larg.; 96 cent.

DAVID (d'après LOUIS)

48 — Jeune fille assise, la tête appuyée sur une
urne.

Toile. Haut., 62 cent.; larg., 52 cent.

DETROY

49 — Le Concert.

Toile. Haut., 71 cent.; larg., 60 cent.

DIEPENBEECK (ABRAHAM VAN)

50 — Allégorie représentant la Paix qui ramène
l'Abondance et fait fuir la Discorde.

Gracieuse et belle composition de l'artiste.

Toile. Haut. 1 m. 08 cent.; largeur, 1 m. 24 cent.

DIETRICH (GEORGES)

51 — Paysage.

Signé à droite.

DOMINIQUIN (ZAMPIERI dit le)

52 — Sainte Martyre que les bourreaux préparent au supplice.

Bois. Haut., 50 cent.; larg., 37 cent.

DYCK (attribué à ANTOINE VAN)

53 — Saint Sébastien percé de flèches qu'un ange retirent de ses blessures.

Toile. Haut., 1 m. 72 cent.; larg., 1 m. 20 cent.

FERG (PAUL)

(DEUX PENDANTS.)

54 — Paysages avec monuments en ruines et personnages.

Cuivres. Haut., 10 cent.; larg., 14 cent

FRAGONARD (HONORÉ)

55 — Paysage.

Des vaches et des moutons paissent dans un paysage montueux et boisé, sous la garde d'un

berger étendu sur le sol, causant avec une jeune
fille ; à gauche, un chemin, un cavalier monté sur
un cheval blanc cause avec une paysanne assise
au pied d'un arbre; un peu plus loin une chaumière. Charmant tableau de l'artiste.

Toile. Haut., 37 cent.; larg., 44 cent.

GÉRARD (MADEMOISELLE MARGUERITE)

56 — La Lecture.

Une jeune femme, dans un élégant costume du
temps de Louis XVI, est assise devant une table,
occupée à lire ; un petit chien est auprès d'elle.

Toile. Haut., 60 cent.; larg., 50 cent

GILLEMANS (P.)

57 — Perroquet et écureuil mangeant des fruits qui sont jetés à terre.

Cuivre. Haut., 12 cent.; larg., 22 cent.

GOYEN (JEAN VAN)

58 — Eglise de village au bord de la mer.

Le vent souffle avec violence, la mer est agitée,
trois personnages sur le rivage cherchent un abri

contre les rafales. Au premier plan, des pêcheurs, montés dans leur canot, se disposent à jeter leurs filets.

Belle qualité du maître d'une exécution large et d'un ton chaud et vigoureux.

Bois. Haut., 46 cent.; larg., 40 cent.

GOYEN (J. VAN)

59 — Paysage, marine.

Au centre, des villageois, des voitures et des cavaliers font halte devant une auberge.

Bois. Haut., 40 cent.; larg., 66 cent.

HACKAERT

60 — Paysage.

Au centre est une mare ombragée par de grands arbres ; un chasseur et ses chiens se reposent au bord d'un chemin ; au second plan, deux personnages causent, un berger amène une vache et quelques moutons pour les désaltérer.

Toile. Haut., 68 cent.; larg., 55 cent.

HELST (B. VAN DER)

61 — Portrait d'un seigneur hollandais.

Il est debout, vu jusqu'aux genoux, la main

droite sur la hanche, le bras gauche pendant, la main gantée, la tête de trois quarts tournée vers la droite, les cheveux blonds ; il porte un vêtement en soie noire avec col rabattu en fine guipure.

A droite, on aperçoit un vestibule à colonnes de marbre ; dans le fond, un ample rideau verdâtre.

Très-beau portrait de ce maître.

Toile. Haut., 1 m. 12 cent.; larg., 91 cent.

KOBELL (JEAN)

62 — Bœuf au pâturage.

Toile. Haut., 35 cent.; larg., 29 cent.

KONINCK (PHILIPPE DE)

63 — Une vaste plaine s'étend derrière une ville que domine un clocher élevé.

Toile. Haut., 36 cent.; larg., 26 cent.

LAIRESSE (GÉRARD DE)

64 — L'Autel de l'Amour.

Toile. Haut., 60 cent.; larg., 72 cent.

LANTARA (SIMON MATHURIN)

65 — L'Orage.

A droite, s'élèvent des constructions avec tour crénelée au sommet d'un rocher d'où s'échappe une chute d'eau.

A gauche, la foudre éclate en faisant sur le ciel des zigzags lumineux.

Toile. Haut., 24 cent.; larg., 32 cent.

LANTARA (SIMON MATHURIN)

66 — Marine.

A droite, des rochers; sur le devant, des pêcheurs.

Bois. Haut., 21 cent.; larg., 31 cent.

LANTARA (SIMON MATHURIN)

67 — Chapelle en ruine au bord d'un chemin.

Effet de clair de lune.

Toile. Haut., 32 cent.; larg., 40 cent.

MACHY (P. A. DE)

68 — Paysage et monuments en ruine.

A droite, un arc de triomphe devant lequel une femme joue avec son enfant; à gauche, deux femmes et un berger se désaltérant à une fontaine.

Toile. Haut., 37 cent.; larg., 47 cent.

MICHAU

69 — Le Départ pour la chasse.

Sur le devant, des valets et des cavaliers débouchent d'un bois suivis par une meute de chiens.

Cuivre. Haut., 15 cent.; larg., 20 cent.

MICHEL (GEORGES)

70 — Les deux Chaumières.

Elles se trouvent au bord d'un chemin bordé d'arbres à l'entrée d'un bois ; une femme et un enfant descendent vers la droite.

Beau et vigoureux tableau de l'artiste, gravé par Lemoine, sous le n° 57 dans l'ouvrage sur Georges Michel par M. Alfred Sensier.

Toile. Haut. 49 cent.; larg., 60 cent.

MICHEL (GEORGES)

71 — Le Passage du gué.

Des bergers chassent devant eux un troupeau de vaches traversant un cours d'eau à l'entrée d'un bois ; à gauche, des arbres vigoureux au feuillage touffu se détachant sur un ciel nuageux ; à droite, un arbre brisé au bord d'un chemin tournant.

Très-beau et important tableau de l'artiste.

Toile. Haut., 88 cent.; larg., 1 m. 55 cent.

MIEL (JEAN)

72 — La sainte Famille.

Sur le premier plan, la Vierge et saint Joseph donnant la main à l'enfant Jésus ; dans le haut, la sainte Trinité dans une gloire et entourée de nombreux petits anges.

Ravissant petit tableau de ce peintre.

Cuivre. Haut., 33 cent.; larg., 25 cent.

MIEL (JEAN)

73 — Intérieur de l'église Saint-Pierre à Rome.

Le soleil entrant par les fenêtres qui se trouvent à droite l'éclaire vivement par ses rayons.

Au second plan, l'artiste a représenté Jésus enfant au milieu des docteurs.

Toile. Haut., 74 cent.; larg., 60 cent.

MIGNARD

74 — Portrait d'un personnage portant une cuirasse.

L'artiste l'a représenté dans un cadre soutenu par quatre anges, il a peint dans le bas les attributs des arts.

Toile. Haut., 1 m. 10 cent.; larg., 92 cent.

MOLYN (PIERRE)

75 — Site agreste

Quelques villageois se reposent au bord d'un chemin ; un homme tenant son cheval par la bride lui fait péniblement gravir le coteau au bas duquel poussent des bouquets de sapins.

Bon tableau signé en toutes lettres et daté 1645.

Bois. Haut., 38 cent.; larg., 58 cent.

MOOR (CARLE DE)

76 — Portrait d'un seigneur hollandais et de sa femme.

Ils sont dans un parc, le mari appuyé sur une balustrade de pierre, sa femme est debout, vêtue d'une robe de satin blanc décolletée.
Signé en toutes lettres et daté 1684.

Toile. Haut., 53 cent.; larg., 62 cent.

NATTIER

77 — Portrait de madame la comtesse de Flesselle.

Sous la figure allégorique d'une source, elle est assise sur un rocher au bord d'une rivière, appuyée sur une urne renversée d'où s'échappe un cours d'eau ; un aviron est auprès d'elle.

Vue à mi-jambes, vêtue d'une robe blanche, laissant les épaules et les bras nus, une draperie en soie bleue, posée sur son bras droit, voltige autour d'elle.

Gracieux et très-beau portrait dans son superbe cadre du temps en bois sculpté.

Toile. Haut., 1 m. 37 cent.; larg., 1 m. 05 cent.

NETSCHER (GASPARD)

78 — Portrait d'un musicien.

Il est debout sur une terrasse, drapé dans une ample robe de chambre en soie jaune, la main gauche sur la hanche, le bras droit appuyé sur un piédestal, il tient à la main un rouleau de papier; à ses côtés un violon et des cahiers de musique.

Toile. Haut., 55 cent.; larg., 45 cent.

POEL (E. VAN DER)

79 — Un Incendie.

Bois. Haut., 22 cent.; larg., 19 cent.

RAOUX (JEAN)

80 — Jeunes femmes chantant dans un berceau de chèvrefeuille.

Dessus de porte.

Toile. Haut., 94 cent.; larg. 1 m. 28 cent.

REGNAULT (le BARON J. B.)

81 — Danaé recevant la pluie d'or.

Toile ovale. Haut., 52 cent.; larg 62 cent.

RUYSDAEL (attribué à SALOMON)

82 — Paysage.

A droite, un chemin tournant bordé de grands arbres, sur le devant, des villageois; à gauche, un cours d'eau au pied d'une colline boisée surmontée d'un moulin à vent.

Bois. Haut., 62 cent.; larg., 85 cent.

SCHENEAU

83 — La Lecture de la gazette.

Toile. Haut., 57 cent.; larg., 45 cent.

STELLA (JACQUES)

84 — Bethsabée au bain.

Signé et daté à gauche.

SUBLEYRAS

85 — Un homme étendu sur le bord de la mer.

Belle étude académique.

Toile. Haut., 73 cent.; larg., 98 cent.

TAUNAY

86 — Paysage. — Effet de soleil couchant.

Des bergers et leurs troupeaux traversent une rivière au milieu de laquelle s'élèvent des constructions en ruine.

Toile ovale. Haut., 26 cent.; larg., 32 cent.

TURNER (attribué à)

87 — Marine.

Effet de soleil levant sur les côtes d'Irlande.

Bois. Haut., 63 cent.; larg., 81 cent.

VAN GORP

88 — Les Amants.

Charmant tableau de l'artiste rappelant les œuvres de Boilly.

Toile. Haut., 36 cent.; larg., 45 cent.

VERKOLJE (JAN)

89 — Portrait de Cornelius Van Acken.

Il est debout, la tête presque de face, les cheveux frisés, une cravate blanche nouée autour du cou, couvert d'une ample robe de chambre en soie violette; devant lui est une table où sont posés des livres.

Cuivre. Haut., 30 cent.; larg., 24 cent.

VERNET (JOSEPH)

90 — Les Baigneuses.

Elles sont réunies au pied de grands rochers près de quelques arbres; au second plan, à gauche, on aperçoit les cascades de Tivoli et le temple de la Sibylle.

Signé en toutes lettres et daté 1784.

Toile. Haut., 45 cent.; larg., 61 cent.

WITT (EMMANUEL DE)

91 — Intérieur d'un temple protestant.

De nombreux personnages circulent en tous sens. Au centre, un ouvrier tenant un ciseau met une inscription sur une dalle; un homme monté sur une échelle place des bougies au lustre du temple.

Bois. Haut., 88 cent.; larg., 1 m. 22 cent.

WOUWERMAN (PHILIPPE)

92 — Le cours d'eau.

Un cheval et quelques moutons se désaltèrent sur les bords; à droite, un terrain élevé au-dessus duquel on aperçoit quelques arbres et une chaumière près d'un chemin où passe un cavalier drapé dans un manteau rouge; à gauche, des terrains accidentés et fuyant coupés par une haie.

Beau tableau de ce maître de la plus parfaite conservation.

Toile. Haut., 49 cent.; larg., 54 cent.

ECOLE NAPOLITAINE

93 — Le roi de Naples faisant présentera u Pape la haquenée, la veille de la Saint-Pierre.

Un nombreux cortége suivi de riches voitures de gala entoure un cheval blanc caparaçonné se diri-geant vers le Vatican, que l'on aperçoit au second plan. Les troupes sont rangées sur la gauche par pelotons; de nombreux spectateurs stationnent sur la place, regardant le défilé.

Tableau des plus intéressants.

. Toile. Haut., 1 m. 43 cent.; larg., 1 m. 95 cent.

ECOLE HOLLANDAISE

94 — Paysage avec aqueduc en ruine et cavaliers.

Effet de soleil couchant.

Bois. Haut., 31 cent.; larg., 40 cent.

ECOLE HOLLANDAISE

95 — Fumeurs.

Bois. Haut., 19 cent.; larg., 17 cent.

ECOLE HOLLANDAISE.

96 — Un poisson dans un plat en terre, posé sur une table de cuisine.

Toile. Haut., 31 cent.; larg., 39 cent.

ECOLE HOLLANDAISE.

97 — Poissons sur une table de cuisine.

Toile. Haut., 74 cent.; larg., 1 m. 00 cent.

INCONNU

98 — Moulin au bord d'une rivière.

Toile. Haut., 24 cent.; larg., 32 cent.

INCONNU

99 — Saint Jérôme.

Toile. Haut., 00 cent.; larg., 00 cent.

TABLEAUX MODERNES

ALIGNY (CARUEL DE)

100 — Procession dans la campagne de Rome.

Toile. Haut., 51 cent.; larg., 66 cent

BARON

101 — La Contemplation.

Toile. Haut., 23 cent.; larg., 19 cent.

CÉSAR DE COCK.

102 — Chemin sous bois.

Toile. Haut., 44 cent.; larg., 63 cent.

(DIAZ 1852)

103 — Le Repos.

Toile. Haut., 46 cent.; larg., 32 cent.

FRÈRE (TH.)

104 — Marché au Caire, avec caravane.

Bois. Haut., 29 cent.; larg., 40 cent.

GIRARDET (KARL)

105 — Avenue de Choubrach, au Caire.

Toile. Haut., 19 cent.; larg., 38 cent.

MONGINOT.

106 — Chien épagneul sur un coussin de velours
bleu.

Toile. Haut., 92 cent.; larg , 72 cent.

NOBLE PIGEAUD (Mme)

107 — Marguerites.

Toile. Haut., 32 cent.; larg., 46 cent.

NOTERMAN (ZACH.)

108 — Chiens de chasse et ustensiles de chasse.

Bois. Haut., 13 cent.; larg., 20 cent.

ROYBET

109 — Instruments de musique.

Toile. Haut., 63 cent.; larg., 52 cent.

SAINTIN (1858)

110 — La Chiffonnière.

Toile. Haut., 92 cent.; larg., 60 cent.

VERBOECKHOVEN (LOUIS)

111 — Marine.

Mer houleuse avec bateaux à voile.

Bois. Haut., 77 cent.; larg., 98 cent.

WATTELET (1858)

112 — Vue d'Auvergne.

Toile. Haut., 49 cent.; larg., 65 cent.

DESSINS & AQUARELLES

MODERNES

HAXENFELD (d'après Titien, 1859)

113 — La Maîtresse du Titien.

Dessin.

Haut., 97 cent.; larg., 76 cent.

BARON

114 — La Confidence.

Aquarelle.

Haut., 24 cent.; larg., 19 cent.

ISABEY (EUG.)

115 — Un Chemin creux.

Aquarelle.

Haut., 27 cent.; larg., 20 cent.

JACQUE (CH.)

116 — Chevaux à l'écurie.

Dessin.

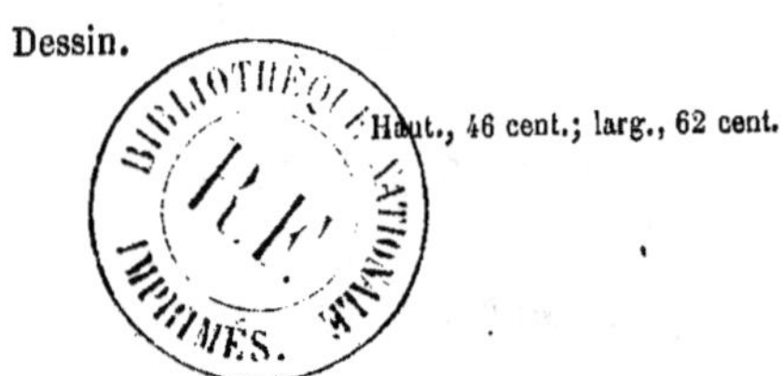

Haut., 46 cent.; larg., 62 cent.

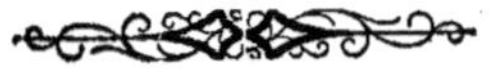